Sopas

BLUME

Contenido

Puerro y Cía.

Los ingredientes típicos

La humanidad necesita desde tiempo inmemorial comer algo caliente. Las sopas son el plato más antiguo del mundo: fáciles de preparar, necesitan pocos ingredientes, son saludables y constituyen un gran beneficio para el cuerpo y el alma. Las sopas de hoy en día ya no son un plato para los pobres como antaño. Al contrario: las sopas son más ligeras y finas que nunca y gustan hasta a los comensales más exigentes. Sean caldos claros de aroma intenso, cremas suaves y espumosas o potajes energéticos, las sopas actuales son muy variadas. Bajo ningún concepto las sopas constituyen ya sólo un entrante, se pueden comer entre platos como un pequeño tentempié, como un plato ligero o como una comida completa. El secreto de cada sopa está en sus ingredientes: preste mucha atención a la cocción del caldo o fumet básico para alcanzar el éxito; luego añada un poco de verdura picada, carne melosa, legumbres, arroz o pasta y hierbas aromáticas. A la gran variedad de sopas han contribuido influencias de otros países, sobre todo de Asia y de la cuenca mediterránea, que han animado a usar la cuchara.

1

EL PUERRO (izquierda) forma parte, junto a las zanahorias y el apio, de la base de muchas sopas. Debe lavarse a conciencia ya que entre sus hojas se esconde gran cantidad de arena o tierra.

1 Las **ZANAHORIAS** también entran en la composición de muchas sopas. Las zanahorias jóvenes no deben pelarse, basta con pasarlas por agua fría.

2 El **APIO** tiene un gusto muy suave. Es muy adecuado para las sopas delicadas.

3 Las **PATATAS** adecuadas para la preparación de las sopas deben ser harinosas, para que la textura de las mismas sea espumosa.

4 Los **TOMATES** no deben olvidarse en la preparación de las sopas. En general la base de muchas de estas sopas la forman tomates pelados enlatados, aromáticos y fáciles de preparar.

5 Los **CEBOLLINOS** cortados en rollitos finos son un ingrediente obligatorio en los caldos de carne. No deben cocerse con el caldo, sino esparcirse sobre éste poco antes de servirlo.

6 Las **JUDÍAS** secas se utilizan como ingrediente para sopas y potajes en la cocina italiana y española. Las judías secas deben remojarse un mínimo de 12 horas en agua.

7 Los **AGUACATES** aportan un gusto excelente a las cremas. Recuerde que debe comprar frutos maduros, ya que en caso contrario son demasiado duros para pasarlos por la batidora y no tienen aroma.

6

7

El ***BOUQUET GARNI*** no es más que un ramillete de hierbas frescas. Una combinación típica es la de perejil, tomillo, romero y hojas de laurel. Se cuece en el caldo y se retira antes de servirlo.

Los **PICATOSTES** son dados pequeños de pan blanco dorados en aceite caliente que se sirven para adornar las sopas. Si lo desea puede espolvorearlos con ajo finamente picado.

Los **GARBANZOS** son habituales en los potajes de la cocina española. Al igual que las demás legumbres secas, deben dejarse en remojo toda la noche. Se pueden utilizar en conserva.

La **CALABAZA** es una hortaliza ideal para las sopas. Especialmente aromáticas son las calabazas confiteras de color rojo anaranjado.

La **PASTA** es un ingrediente muy utilizado en las sopas. Se emplean formas pequeñas fáciles de coger con la cuchara, como estrellitas, letras, cabello de ángel o conchas.

Las **CEBOLLAS** entran a formar parte de la composición de muchas sopas. Dan una nota de sabor más pronunciado si se cortan a rodajas y se doran en aceite.

Paso a paso
Las técnicas culinarias más importantes

La base de toda sopa es un caldo de verduras, carne, ave o pescado que usted mismo puede preparar sin mucho esfuerzo. Claro está que en el mercado también se encuentra caldo elaborado industrialmente en forma de cubitos, extractos o de fondo gran calidad. Para cocinar una buena sopa es preferible tomarse la molestia de hacerla uno mismo en cantidad suficiente para después tener una reserva en el congelador. Sólo se necesita una olla grande y una temperatura suave para conseguir un caldo aromático. Carne, hortalizas y agua deben tener espacio en la olla. Cuanto más suave sea la temperatura más aromático quedará el caldo. En un caldo, todo debe cocerse a la vez. Las cremas deben pasarse por la batidora o el robot eléctrico, aunque también quedan bien pasándolas por el pasapurés. Cocinar una sopa no significa quedarse horas delante del fuego. El camino más rápido para disfrutar de una sopa es utilizando ingredientes frescos picados y cocidos lentamente y realzados con especias y hierbas.

Caldo y fondo de hortalizas

1 Para conseguir un caldo o fondo de hortalizas, prepare y limpie 800 g de hortalizas variadas.

2 Corte las hortalizas sin pelar a trozos pequeños. Use también los tallos enteros.

3 Caliente en una cacerola grande 2 cucharadas de aceite y sofría las hortalizas sin que lleguen a dorarse.

4 Rocíelas con 2 l de agua y deje que cuezan 1 hora a fuego lento.

5 Cuele el caldo a través de un tamiz fino para que no pasen las hortalizas a través.

6 Para un fondo de hortalizas, hierva el caldo a fuego vivo la mitad de tiempo. El fondo o fumet es la base de muchos platos.

Puré de verduras

1 Sofría en una cacerola con 40 g de aceite o mantequilla caliente 500 g de verduras lavadas y cortadas a trozos muy pequeños, sin dejar de remover.

2 Vierta por encima $^3/_4$ de l de agua o, mejor, de caldo de hortalizas o hierbas. El período de cocción depende del tipo de verdura u hortaliza empleada.

3 Pase la preparación por el pasapurés y luego bátala con la batidora o el robot eléctrico.

4 Para que el puré quede suave y cremoso, páselo por un tamiz fino y bátalo de nuevo con la batidora.

Las crepes como guarnición

1 Caliente mantequilla en una sartén. Vierta la masa de crepes con un cucharón, de modo que forme una superficie fina sobre el fondo y déjela cocer unos 12 minutos.

2 Dé la vuelta a la crepe y dore la segunda cara. Sáquela, enróllela y córtela ya fría a rodajas.

Picar hierbas

1 Pase las hierbas unos segundos bajo el chorro del agua fría y luego séquelas bien.

2 Agrupe las hojas ya lavadas y secadas sobre una tabla de picar.

3 Coja el trinchador con ambas manos y corte las hierbas con un movimiento de vaivén.

4 Apile las hierbas ya cortadas y píquelas finamente con el cuchillo.

Sopas delicadas

Consomé de faisán
con setas calabaza

Todo un placer: este caldo transparente y delicado preparado con los ingredientes más selectos es un comienzo ideal para un menú festivo.

Ingredientes

1 **faisán** (unos 800 g)

450 g de **setas calabaza** frescas

1 cucharada de **aceite**

1 ramita de **tomillo** y otra de **romero**

3 granos de **enebro** triturados

1 ½ l de **caldo de ave**

2 cucharadas de **jerez**

sal

pimienta molida

2 cucharadas de **mantequilla**

1 cucharada de **perejil** finamente picado

4 rebanadas de **pan de molde**

Preparación
PARA 4 PERSONAS

1 Lave el faisán, corte la pechuga a filetes y resérvela para otro uso. Corte los huesos de la pechuga en 4-6 trozos. Frote las setas con papel de cocina, corte un tercio de las setas en trozos pequeños y reserve el resto.

2 Caliente el aceite en una cacerola grande y dore bien los huesos de faisán a fuego vivo. Añada los trozos pequeños de setas, las ramitas de hierbas y el enebro. Mójelo con el caldo de ave y llévelo a ebullición. Deje cocer la sopa a fuego lento y destapada durante 1 ½ horas.

3 Cuele el caldo con un colador forrado con un paño de cocina. Llévelo a ebullición y aderécelo con el jerez, la sal y la pimienta.

4 Pique el resto de las setas para usarlas como adorno. Caliente 1 cucharada de mantequilla en una sartén y dore las setas picadas a fuego vivo y sin dejar de remover. Añada sal y pimienta y luego esparza el perejil por encima. Fría las rebanadas de pan, córtelas en diagonal y cúbralas con las setas.

5 Corte a rodajas las setas reservadas y dórelas en una sartén con 1 cucharada de mantequilla caliente. Sirva el consomé de faisán en tazones de sopa y decórelo con las rodajas de setas. Llévelo a la mesa con las tostadas.

Sopa de mejillones, hinojo y anís

No es sólo para los amantes de los mejillones: el anís y el hinojo dan a esta sopa un aroma especial y una sorprendente nota de sabor.

Ingredientes

2 kg de **mejillones**

4 **dientes de ajo**

2 **cebollas**

1 **hinojo**

8 cucharadas de **aceite de oliva**

¼ de l de **vino blanco**

2 cucharadas de **licor anisado** (por ejemplo Pernod)

pimienta molida

200 g de **crema de leche**

2 cucharadas de **tomate** picado (enlatado)

Preparación

PARA 4 PERSONAS

1 Cepille los mejillones uno a uno y a fondo bajo el chorro del agua fría. Separe las barbas con un cuchillo y déjelos reposar en una cacerola con abundante agua fría para que desprendan la arena. Tire los que se hayan abierto.

2 Pele el ajo y píquelo finamente. Pele también las cebollas y córtelas en dados pequeños. Prepare y lave el hinojo, pártalo a lo largo y córtelo a rodajas finas. Guarde las hojas verdes para la decoración.

3 Caliente el aceite en una cacerola grande. Añada el ajo, la cebolla y las rodajas de hinojo y sofríalo todo sin dejar de remover. Mójelo con el vino blanco y el licor de anís y espécielo con la pimienta. Agregue los mejillones, mézclelo todo y déjelo cocer en el recipiente tapado de 6 a 8 minutos, o hasta que los mejillones se abran, sin dejar de agitar la cacerola de vez en cuando.

4 Transfiera los mejillones a una sopera con una espumadera. Saque los que no se hayan abierto y tírelos. Vierta la crema de leche en la cacerola, añada el tomate picado y mézclelo bien. Déjelo cocer unos 5 minutos.

5 Pique finamente las hojas verdes del hinojo. Vierta la mezcla anterior sobre los mejillones y decórelos con las hojas verdes del hinojo.

Puré de verduras
con hierbas variadas

Preparación
PARA 4 PERSONAS

1 Prepare, lave y pele las verduras, córtelas a trocitos. Lave la patata, pélela y córtela a dados.

2 Caliente el aceite y sofría las verduras. Mójelas con la mitad del caldo, añada sal y pimienta y llévelas a ebullición. Cuézalas después a fuego medio y con el recipiente tapado de 15 a 20 minutos. Reduzca las verduras a puré en la batidora o el robot eléctrico. Mezcle el puré obtenido con el resto del caldo, añadiendo más o menos, al gusto; pruébelo y aderécelo.

3 Esta sopa queda especialmente fina cuando, una vez reducida a puré, se tamiza y se vuelve a batir para que quede más cremosa; puede añadir, asimismo, la crema de leche acidificada. Sírvala decorada al gusto con hierbas variadas o perejil picado.

Ingredientes

500 g de **verduras** y **hortalizas** variadas

(por ejemplo zanahorias, guisantes, colinabo,

puerro, brécol o coliflor)

1 **patata** mediana

2 cucharadas de **aceite**

3/4 de l de c**aldo de carne**

sal

pimienta molida

125 g de **crema de leche**

(o 1–2 cucharadas de crema acidificada)

hierbas variadas (o perejil picado)

Ingredientes

500 g de **patatas** harinosas

250 g de **col rizada**

70 g de **mantequilla**

1 l de **caldo de ave**

1 ramita de **tomillo**

sal

pimienta molida

1 cucharadita de **curry en polvo**

100 g de **gambas** pequeñas peladas

1 cucharadita de **zumo de limón**

100 g de **crema de leche**

Sopa de patatas y gambas

Preparación

PARA 4 PERSONAS

1 Lave las patatas, pélelas y córtelas a dados. Prepare, lave y corte a tiras finas la col rizada.

2 Caliente 50 g de mantequilla en una cacerola y sofría las patatas y la col rizada, mójelas con el caldo de ave y añada la ramita de tomillo. Añada sal y pimienta y especie con el curry en polvo. Deje cocer la sopa a fuego moderado y con el recipiente tapado durante 30 minutos. Redúzcala a puré con la batidora o el robot eléctrico.

3 Caliente el resto de la mantequilla en una sartén, agregue las gambas y dórelas ligeramente. Aderece con la sal, la pimienta y un poco de zumo de limón.

4 Bata la crema de leche y viértala sobre la sopa cuando ya no hierva. Sirva la sopa en tazones o platos hondos y adórnela con las gambas y el eneldo.

Caldo de ternera
con albóndigas de sémola

Sencillamente irresistible: **un sustancioso caldo de carne con albóndigas es siempre el** rey **de los platos hondos.**

Ingredientes

1 **cebolla**

1 manojo de **hortalizas para el caldo**

300 g de **ternera** (por ejemplo, pecho)

200 g de **huesos para el caldo**

unos **tallos de perejil**

1 **hoja de laurel**

1 cucharadita de **granos de pimienta** · **sal**

40 g de **mantequilla** derretida

75 g de **sémola** fina

2 **yemas de huevo**

100 g de **queso quark** o requesón

pimienta blanca molida

nuez moscada recién molida

2 **zanahorias** pequeñas (con hojas verdes)

1/4 de tallo de **puerro**

1 manojo de **cebollinos**

Preparación

PARA 4 PERSONAS

1 Lave la cebolla y pártala sin pelar. Prepare las hortalizas del caldo, lávelas y pele aquellas que lo precisen antes de cortarlas a trozos pequeños. Lave la carne y los huesos.

2 Ponga las dos mitades de la cebolla, las hortalizas y el perejil en una olla grande. Añada los huesos, la carne y 1 l de agua fría. Sazone con el laurel, los granos de pimienta y una cucharadita de sal. Llévelo lentamente a ebullición. Quite con una espumadera la espuma que aparezca y deje cocer la sopa a fuego lento y parcialmente tapada durante 2 horas.

3 Saque la carne del caldo y guárdela para otros platos. Cuele el caldo a través de un tamiz forrado con un paño de cocina para separar la grasa.

4 Bata la mantequilla hasta que esté espumosa y mézclela con la sémola. Bata las yemas de huevo y vaya añadiendo poco a poco la sémola y el quark. Sazone la mezcla con la sal, los granos de pimienta blanca y la nuez moscada y déjela reposar unos 30 minutos.

5 Limpie las zanahorias y deje parte de sus hojas verdes, pélelas y pártalas a lo largo. Prepare el puerro, lávelo y córtelo a rodajas. Haga albóndigas con pasta de sémola con la ayuda de 2 cucharas soperas y sumérjalas en el caldo hirviendo. Añada las hortalizas y déjelo cocer todo 15 minutos a fuego lento.

6 Lave los cebollinos y séquelos antes de cortarlos a rodajitas. Sirva el consomé con las albóndigas y las hortalizas en cuencos y esparza los cebollinos y la pimienta blanca molida por encima.

Caldo de ave
con tiras de crepes

Ni un niño que no quiera comer sopa puede negarse a ella:
este caldo de ave es una fuente de placer cucharada a cucharada.

Ingredientes

1 **gallina para el caldo** (de unos 1,8 kg)
1 manojo de **hortalizas para el caldo**
1 **cebolla**
1 manojo de **perejil**
1 ramita de **tomillo**
10 g de **pimienta**
sal
4 cucharadas de **harina**
4 **huevos**
4 cucharadas de **agua mineral** (o leche)
grasa para cocer
1 manojo de **cebollinos**

Preparación

PARA 4 PERSONAS

1 Lave con agua fría el exterior y el interior de la gallina, póngala en una olla con la pechuga hacia abajo y cúbrala con 3 l de agua fría. Llévela a ebullición a fuego vivo y retire las impurezas con una espumadera. Reduzca el fuego.

2 Prepare, lave y pele, si es necesario, las hortalizas para el caldo antes de cortarlas a trozos pequeños. Pele la cebolla y pártala por la mitad. Ponga las hortalizas, las 2 mitades de la cebolla y las hierbas en la olla. Añada los granos de pimienta y una cucharadita de sal, y déjelo cocer a fuego lento y con la olla tapada de 2 a 2 ½ horas. Dé la vuelta a la gallina pasada 1 hora.

3 Retire la gallina y guárdela para otros platos. Cuele el caldo a través de un colador y desgráselo.

4 Para la pasta de crepes, ponga en un cuenco grande la harina, los huevos, el agua mineral o la leche y la cucharadita de sal y bátalo todo con una batidora para obtener una masa lisa y sin grumos. Déjela reposar 20 minutos.

5 Caliente la grasa en una sartén y prepare 4 crepes. Deje enfriar un poco las que ya estén hechas, enróllelas y córtelas a tiras finas. Lave los cebollinos, séquelos y córtelos a rodajas finas.

6 Reparta las tiras de crepes en los platos, vierta por encima el caldo de ave caliente y decore con el cebollino.

Caldo claro
con pasta casera

Preparación
PARA 6 PERSONAS

1 Bata los huevos con 3 cucharadas de agua. Añádales la harina, un poco de sal y la pimienta y mézclelo todo hasta obtener una masa no demasiado líquida.

2 Lave la melisa y séquela, arranque las hojitas de los tallos, deje algunas para la decoración y pique el resto finamente. Mezcle la amapola con la melisa y la piel rallada del limón y añádalas a la pasta. Bátala con una cuchara hasta que todo esté bien amalgamado.

3 Caliente en una cacerola grande abundante agua salada. Raspe la pasta a través de un tamiz grueso y déjela caer en el agua hirviendo. La pasta estará cocida cuando suba a la superficie. Extraiga la pasta con una espumadera y deje que se escurra.

4 Caliente el caldo, reparta la pasta en los platos y cúbrala con el caldo caliente. Decore con la melisa.

Ingredientes

2 **huevos**

125 g de **harina**

sal

pimienta molida

unos **tallos de melisa**

1 cucharada de semillas de **amapola** recién molidas

la piel rallada de 1/2 **limón**

1,2 l de **caldo**

Ingredientes

175 g de **harina**

2 cucharadas de **aceite** · **sal**

1 **cebolla** pequeña · 1 **diente de ajo**

200 g de **carne de ternera** picada

pimienta molida · 2 manojos de **perejil**

1 manojo de **albahaca**

1 manojo de **perifollo** · 2 ramitas de **eneldo**

2 cucharadas de **pimienta en grano**

2 cucharadas de **piñones**

1 **huevo**

2 cucharadas de **mantequilla** derretida

1,2 l de **caldo claro**

Caldo claro con hojaldre de hierbas

Preparación

PARA 4–6 PERSONAS

1 Para la pasta, mezcle la harina, 2 cucharadas de aceite, 100 ml de agua y una pizca de sal y amáselo todo hasta lograr una pasta lisa y sin grumos; déjela reposar.

2 Precaliente el horno a 175 °C. Pele la cebolla y el ajo y píquelos finamente. Dore la carne con 1 cucharada de aceite. Añada la cebolla, el ajo, sal y pimienta. Lave las hierbas, séquelas y píquelas, al igual que los piñones. Mézclelo todo con la carne y el huevo; sazone.

3 Extienda la pasta de hojaldre sobre un paño de cocina enharinado. Pártala con la simple presión de la mano en 12 trozos de unos 40 cm cada uno. Ponga encima el relleno y enróllela con cuidado. Pincele los rollos con la mantequilla, póngalos sobre la placa del horno engrasada y hornee unos 40 minutos.

4 Corte rodajas de unos 2 cm de grosor y sírvalas en el caldo caliente.

Esencia de hierbas silvestres con filetes de lenguado

¿Le apetecen unas **hierbas?** Los rollitos de pescado nadan en un caldo ligero que al prepararse con hierbas silvestres adquieren un **gusto** excelente.

Ingredientes

2 manojos grandes de **hierbas silvestres** (por ejemplo, **diente de león, berros, roqueta, acedera, álsine)**

1 l de **caldo de verduras** claro

6 filetes de **lenguado** o **gallo** (preparados)

sal

pimienta molida

2 cucharadas de **zumo de limón**

12 **tallos** fuertes **de cebollino**

Preparación

PARA 4 PERSONAS

1 Lave las hierbas y séquelas. Caliente el caldo de verduras y añádale la mitad de las hierbas. Déjelo cocer a fuego lento unos 30 minutos.

2 Lave los filetes de lenguado y séquelos con papel de cocina. Córtelos por la mitad a lo largo y sazónelos con sal, pimienta y zumo de limón.

3 Arranque el resto de las hojas que han quedado en el tallo y píquelas finamente, salvo las que desee guardar para la decoración. Ponga las hojas picadas sobre la parte oscura de los filetes de pescado. Enróllelos trabajando a partir del extremo más grueso y átelos con los tallos de cebollino.

4 Saque las hierbas del caldo. Ponga los rollos de pescado en una cacerola, cúbralos con la esencia de hierbas caliente y déjelos cocer a fuego lento unos 7 minutos.

5 Ponga 3 rollos de pescado en cada plato, cúbralos con caldo y decore con algunas hojitas de hierbas.

Muchas hierbas silvestres de antaño se cultivan y encuentran en los mercados o verdulerías bien surtidas. Quien sepa reconocerlas puede recolectarlas él mismo.

Crema de guisantes
al martini y a la menta

Un clásico de las sopas que varía: la menta y un chorro de martini dan a esta sopa cremosa y suave un insospechado refinamiento.

Ingredientes

2 **escalonias**

3 cucharadas de **mantequilla**

300 g de **guisantes** congelados

azúcar

sal

pimienta blanca molida

400 ml de **caldo de ave**

1 cucharada de **martini** seco

150 g de **crema de leche**

unas cuantas ramitas de **menta**

Preparación

PARA 4 PERSONAS

1 Pele las escalonias y píquelas finamente. Caliente la mantequilla en una cacerola y sofría las escalonias hasta que estén transparentes.

2 Añada los guisantes y rehóguelos un momento sin dejar de remover. Sazone con una pizca de azúcar y un poco de sal y pimienta. Moje con el caldo de ave y llévelo a ebullición. Deje cocer 10 minutos con el recipiente tapado.

3 Reduzca la sopa a puré con la batidora o el robot eléctrico. Tamícelo y vuélvalo a verter en la cacerola. Añada el martini y 100 g de crema de leche y caliente la mezcla a fuego lento.

4 Bátala poco antes de servirla para que quede espumosa. Bata con energía el resto de la crema de leche. Vierta la crema en los platos y mézclela con 1 cucharada de crema batida removiéndola. Lave la menta, séquela y decore con ella la crema antes de servirla.

Esta crema adquiere un aroma especialmente fino si se usan guisantes de primavera o de inicios del verano. Para unos 300 g de guisantes necesitará unos 800 g de vainas.

Sopa de aguacate
con albóndigas de pescado

Preparación
PARA 4 PERSONAS

1 Corte los aguacates por la mitad a lo largo y extráigales el hueso. Pele las mitades y trocee la pulpa. Rocíela con el vino blanco y una cucharada de zumo de limón y redúzcala a puré en la batidora.

2 Hierva el caldo en una cacerola y bata a fondo el puré de aguacate y la crema acidificada. Sazone.

3 Descortece el pan y córtelo a dados. Lave los filetes de pescado, séquelos suavemente y córtelos a dados. Mezcle la clara de huevo, la crema de leche fría, un poco de sal, pimienta y zumo de limón y reduzca la mezcla a puré fino en la batidora.

4 Caliente una buena cantidad de agua salada en una cacerola. Haga albóndigas de pescado con ayuda de 2 cucharas y cuézalas unos 8 minutos en el agua salada hirviendo. Adorne la sopa de aguacate con las albóndigas de pescado y decórela con las huevas de salmón y las ramitas de eneldo.

Ingredientes

2 **aguacates**

1/8 de l de **vino blanco**

2 cucharadas de **zumo de limón**

3/4 de l de **caldo claro**

150 g de **crema acidificada**

sal · **pimienta** molida

1 rebanada de **pan blanco**

200 g de filetes de **merluza**

o **bacalao** (preparados)

1 **clara de huevo** · 100 g de **crema de leche**

4 cucharadas de **huevas de salmón**

unas ramitas de **eneldo**

Ingredientes

500 g de **patatas** harinosas

1 l de **fondo de pescado**

1 sobre de **azafrán**

500 g de filetes de **bacalao** fresco (preparado)

1 **lima**

sal

pimienta recién molida

150 g de **crema de leche** espesa

1 **yema de huevo**

2 cucharadas de **hierbas variadas** (finamente picadas)

Crema de patatas y bacalao

Preparación

PARA 4 PERSONAS

1 Lave las patatas, pélelas y córtelas a dados. Caliente el fondo de pescado en una cacerola y vierta en ella el azafrán. Añada los dados de patata y déjelos cocer unos 20 minutos a fuego medio.

2 Lave los filetes de pescado, séquelos y córtelos a trozos que quepan en la boca. Lave la lima, ralle la piel y exprima el zumo. Rocíe los trozos de pescado con unas gotas del zumo de lima y sazone.

3 Redúzca a puré la sopa de patata con la batidora o el robot eléctrico. Bata la yema de huevo con la lima rallada y la crema de leche y mézclelo todo con la crema caliente aunque no hirviendo.

4 Deje cocer los trozos de pescado unos 5 minutos en la crema. Añada las hierbas y rectifique la condimentación con sal, pimienta y el zumo de la lima.

Sopa de patatas
y puerros con setas shiitake

La cocina más fina de un *bistrot*: esta sopa de puerros y patatas realzada con crema se conoce en Francia como *vichyssoise* y se sirve bien fría.

Ingredientes

300 g de **patatas** harinosas

1 tallo de **puerro** grueso

2 cucharadas de **mantequilla**

1 l de **caldo de verduras**

200 g de **crema de leche**

sal

pimienta blanca molida

nuez moscada recién rallada

125 g de **setas shiitake**

1 cucharada de **mantequilla** derretida

½ manojo de **cebollino**

Preparación

PARA 4 PERSONAS

1 Lave, pele y corte las patatas a dados. Prepare, lave y corte el puerro a rodajas. Caliente la mantequilla en una cacerola y sofría ambos ingredientes. Vierta el caldo de verduras por encima y déjelo cocer unos 20 minutos.

2 Reduzca la sopa a puré fino con la batidora y luego tamícela. Sazónela con la sal, la pimienta y la nuez moscada.

3 Prepare las setas y córtelas a rodajas finas. Caliente la mantequilla derretida en una sartén, dore las setas y añádales sal y pimienta. Lave el cebollino, séquelo y córtelo en anillos finos.

4 Vierta la sopa en los platos calentados y sírvala decorada con las setas y el cebollino.

El sabor de una sopa de patatas depende de la calidad de las que se hayan usado. Compre siempre patatas harinosas para conferir una consistencia espesa.

Tendencias

Consomé de tomate con tortellini

El gasto se lo merece: con este consomé de tomate y tortellini recibirá los halagos de sus invitados.

Ingredientes

300 g de **harina**

3 **huevos**

2 **yemas de huevo**

8 **tomates**

500 g de **carne de ternera** picada

2 cucharadas de **tomate** concentrado

2 **claras de huevo**

1 l de **caldo de carne**

200 g de **champiñones**

2 **cebollas**

1 **diente de ajo**

1 cucharada de **mantequilla**

125 g de **crema de leche**

2 cucharadas de **perejil** finamente picado

sal · **pimienta** molida

unas hojas de **albahaca**

Preparación

PARA 4 PERSONAS

1 Para la pasta de los tortellini, amase una mezcla de harina, huevos y yema de huevo hasta conseguir una pasta homogénea. En caso necesario añada agua. Forme una bola con ella y déjela reposar tapada unos 20 minutos.

2 Lave los tomates y córtelos a dados una vez extraído el pedúnculo. Aparte algunos dados para la decoración y mezcle el resto con la carne picada, el tomate concentrado y la clara de huevo. Vierta la mezcla en el caldo y déjela cocer a fuego lento durante 1 hora. Cuele el caldo a través de un tamiz cubierto con un paño de cocina.

3 Para el relleno de los tortellini, prepare los champiñones, aparte 2 ejemplares grandes y pique el resto finamente. Pele las cebollas y el ajo y píquelos finamente. Caliente la mantequilla en una cacerola y sofría la cebolla y el ajo hasta que estén transparentes. Añada los champiñones y saltéelos unos minutos. Vierta la crema de leche, mezcle, deje cocer y sazone con el perejil, sal y pimienta.

4 Extienda la pasta con el rodillo dándole unos 2 mm de grosor sobre la superficie de trabajo enharinada. Córtela en cuadrados de 5 x 5 cm y ponga sobre ellos ½ cucharadita de relleno. Forme un triángulo con la pasta y doble luego los extremos para obtener los tortellini.

5 Añada los tortellini al consomé y déjelos cocer a fuego lento unos 4 minutos. Corte los champiñones reservados en láminas finísimas. Añádalos al consomé junto con los trozos de tomate también reservados. Decore con las láminas de champiñones y las hojitas de albahaca.

Minestrone ligero
con puerro e hinojo

Con los productos del **huerto:** esta sopa de hortalizas varía según la región, y en Italia se emplean otros ingredientes; es una sopa al gusto del **consumidor.**

Ingredientes

150 g de **patatas**

1 **puerro**

1 **calabacín** pequeño

125 g de **zanahorias**

½ **hinojo**

200 g de **tomates**

1 **cebolla**

1 cucharada de **aceite de oliva**

½ l de **caldo de verduras**

unas ramitas de **perejil**

unas ramitas de **albahaca**

30 g de **parmesano** en un trozo

sal

pimienta molida

Preparación

PARA 2 PERSONAS

1 Lave y pele las patatas y córtelas a dados. Prepare, lave y corte el calabacín y el puerro a trozos pequeños. Prepare las zanahorias, pélelas y córtelas a trozos pequeños. Haga lo mismo con el hinojo. Escalde los tomates, pélelos, pártalos por la mitad, sáqueles las semillas y corte la pulpa a dados.

2 Pele la cebolla y píquela. Caliente el aceite en una cacerola y sofría la cebolla hasta que esté transparente. Añada y sofría el puerro, los trozos de calabacín, la zanahoria y el hinojo. Moje el conjunto con el caldo de verduras. Añada ahora el tomate y las patatas y déjelo cocer todo con el recipiente tapado y a fuego moderado 20 minutos.

3 Lave el perejil y la albahaca, séquelos y arranque las hojas. Pique el perejil, corte las hojas de albahaca a finas tiras y el parmesano a virutas.

4 Añada sal y pimienta a la sopa, mézclela con las hierbas y esparza las virutas de parmesano por encima.

El sabor de este minestrone queda aun más especiado si se emplea pesto, una salsa italiana hecha con piñones, albahaca, parmesano y ajo. Añada una cucharadita de esta salsa a cada ración.

Crema de zanahorias con tomates secos

Una combinación muy refinada: esta crema de zanahorias con jengibre y tomates secos es todo un placer para los sentidos.

Ingredientes

250 g de **zanahorias**

125 g de **puerro**

1 cucharada de **aceite de oliva**

400 ml de **caldo de verduras**

2 hojas de **laurel**

1 cucharadita de **mejorana**

1 trozo de **jengibre** del tamaño de una avellana

5 **tomates** secos

150 g de **suero de leche** o **crema de leche**

sal

pimienta molida

Preparación

PARA 2 PERSONAS

1 Prepare y pele las zanahorias, corte a dados pequeños unos 50 g de éstas y resérvelos; corte el resto finamente. Prepare, lave y corte el puerro en anillos.

2 Caliente el aceite en una cacerola. Agregue las zanahorias y el puerro y sofríalos unos 3 minutos sin dejar de remover. Moje con el caldo de verduras y llévelo a ebullición. Añada la mejorana y las hojas de laurel. Pele el jengibre, píquelo muy fino y añádalo al caldo. Deje cocer la sopa con el recipiente tapado y a fuego lento unos 10 minutos.

3 Corte los tomates secos a tiras muy finas. Saque las hojas de laurel de la sopa y mézclelas con el suero. Reduzca la sopa a puré con la batidora eléctrica o el pasapurés.

4 Añada sal y pimienta a la crema; sírvala y decórela con los daditos de zanahoria y las tiras de tomate.

Los tomates secos desprenden un aroma muy intenso. En caso de que estén conservados en aceite deberá escurrirlos muy bien y secarlos ligeramente con papel de cocina.

Sopa de rúcula y parmesano

Preparación

PARA 4 PERSONAS

1 Hierva la patata unos 25 minutos. Sáquela, pélela y córtela a dados. Prepare la rúcula, lávela y séquela. Reserve algunas hojas para la decoración y pique el resto finamente.

2 Pele la escalonia y el ajo y córtelos a dados pequeños. Caliente la mantequilla en una sartén y sofría la escalonia y el ajo hasta que estén transparentes. Moje con el caldo de verduras y agregue la crema de leche.

3 Añada al caldo los dados de patata y la rucúla picada y bata el conjunto con la batidora o el robot eléctrico hasta obtener una crema fina y homogénea. Añada sal y pimienta.

4 Corte el parmesano a virutas muy finas. Sirva la sopa decorada con el parmesano y las hojas de rúcula reservadas.

Ingredientes

1 **patata** grande harinosa

250 g de **rúcula**

1 **escalonia**

1 **diente de ajo**

1 cucharada de **mantequilla**

$\frac{1}{2}$ l de **caldo de verduras**

200 g de **crema de leche**

sal

pimienta molida

40 g de **parmesano** en un trozo

Ingredientes

200 g de **chucrut** (col fermentada)

1 **manzana** ácida

1 **cebolla**

2 cucharadas de **mantequilla**

½ l de **zumo de chucrut**

100 g de **crema de leche**

sal

pimienta molida

1 cucharadita de **curry en polvo**

2 cucharadas de **pepitas de calabaza**

2 cucharaditas de **aceite de pepitas de calabaza** o de semillas

Sopa de chucrut
con pepitas de calabaza

Preparación
PARA 2 PERSONAS

1 Pruebe la chucrut, si es demasiado ácida añádale agua; exprímala y córtela a trozos muy pequeños. Cuartee la manzana, pélela, quítele las pepitas y rállela finamente.

2 Pele la cebolla, píquela finamente, y sofría hasta que esté transparente en la mantequilla. Añada la manzana y la chucrut y rehóguelas unos minutos. Moje con el zumo de chucrut y déjelo cocer con el recipiente tapado unos 15 minutos.

3 Reduzca la sopa a puré con el pasapurés o la batidora eléctrica. Bata la crema de leche y añádala a la sopa. Sazónela con sal, pimienta y curry.

4 Tueste las pepitas de calabaza unos minutos en una sartén sin grasa, déjelas enfriar y píquelas. Vierta la sopa en unos cuencos y sírvala adornada con las pepitas de calabaza esparcidas por encima y unas gotas de aceite de calabaza.

Crema
de gorgonzola y tomate

¡Auténticamente italiana! Gorgonzola, tomates rojos y albahaca verde. Esta crema especiada asombra con los colores nacionales de ese país.

Ingredientes

1 cucharada de **harina**

⅛ de l de **vino blanco**

1 **escalonia**

1 cucharada de **mantequilla**

125 g de **queso gorgonzola**

300 ml de **caldo de verduras**

sal

pimienta molida

1 cucharada de **aceite de oliva**

2 **tomates**

unas **hojas de albahaca**

Preparación

PARA 2 PERSONAS

1 Deslíe la harina con 2 cucharadas de vino blanco hasta obtener una crema fina. Pele la escalonia y píquela finamente. Caliente la mantequilla en una cacerola.

2 Corte el gorgonzola a dados pequeños y agréguelos a la cacerola. Déjelos derretir a fuego lento mientras remueve. Moje el conjunto con el resto del vino y el caldo de verduras y llévelo a ebullición. Añada la mezcla de harina y vino y remueva bien para ligar la sopa. Añada sal y pimienta a la crema de queso.

3 Escalde los tomates, pélelos, pártalos por la mitad, quíteles las semillas y corte luego la pulpa a dados pequeños. Caliente el aceite en una sartén, sofría los tomates unos minutos y añada sal y pimienta.

4 Vierta la sopa en cuencos y esparza por encima los trocitos de tomate. Decore con la pimienta molida y las hojas de albahaca. Se puede acompañar también con rodajas de patatas fritas o pan recién horneado.

Las hojas de albahaca son aún más aromáticas si se fríen ligeramente con 4 cucharadas de aceite y se dejan escurrir sobre papel de cocina. Las hojas de hierbas fritas son una buena decoración.

Sopa de remolacha y berros

Un buen tubérculo: la remolacha es el ingrediente básico de esta delicada sopa invernal.

Ingredientes

500 g de **hortalizas para el caldo**

1 **cebolla**

2 cucharadas de **aceite**

750 g de **remolacha**

½ **limón**

sal

pimienta molida

unas ramitas de **berro**

200 g de **crema de leche**

Preparación

PARA 4 PERSONAS

1 Prepare las hortalizas para el caldo, lávelas y trocéelas finamente. Pele la cebolla y píquela. Caliente el aceite en una cacerola grande y sofría la cebolla y las hortalizas para el caldo. Cúbralas con 1 l de agua, llévelas a ebullición y deje que el conjunto cueza 1 hora a fuego lento. Luego cuele el caldo a través de un tamiz fino.

2 Lave la remolacha, pélela y córtela a dados. Caliente el caldo de verduras en una cacerola, añada los dados de remolacha roja y déjelos cocer a fuego lento y con el recipiente tapado unos 20 minutos.

3 Pase la sopa de remolacha por la batidora y vuélvala a calentar. Exprima el limón y aderece la sopa con su zumo, sal y pimienta.

4 Lave los berros, séquelos y arranque las hojitas de los tallos. Bata la crema de leche. Sirva la sopa en cuencos o platos y ponga en el centro de cada uno un poco de crema batida. Decore con las hojitas de berro y pimienta recién molida.

La sopa de remolacha es sencilla y rápida de preparar cuando se dispone de un buen caldo preparado de verduras enlatado, granulado o en cubitos.

Sopa de lentejas y calabacines

Preparación

PARA 4 PERSONAS

1 Parta el pimiento por la mitad a lo largo y quítele las semillas. Lave las mitades y trocéelas. Lave el calabacín y córtelo a rodajas. Prepare y lave el puerro y córtelo a rodajas.

2 Lave las lentejas y tire las que naden en la superficie. Caliente en una cacerola el caldo de verduras. Añada las lentejas y déjelas cocer tapadas durante 30 minutos.

3 Agregue al recipiente los trozos de pimiento, las rodajas de calabacín y puerro. Déjelo cocer otros 10 minutos a fuego lento.

4 Añada sal y pimienta a la sopa y aderécela con el azúcar y el vinagre de hierbas. Sírvala en platos o cuencos y decórela al gusto con hojitas de tomillo.

Ingredientes

1 **pimiento** rojo

1 **calabacín**

2 ramitas de **puerro**

250 g de **lentejas** secas

1 l de **caldo de verduras**

sal

pimienta molida

1 cucharadita de **azúcar**

1 cucharada de **vinagre de hierbas**

Ingredientes

400 g de filetes de **pechuga de pollo**

250 g de **patatas**

500 g de **espárragos verdes**

1 manojo de **cebollas tiernas**

2 cucharadas de **aceite**

700 ml de **caldo de verduras**

sal

pimienta molida

4 cucharadas de **crema acidificada**

1 cucharada de **zumo de limón**

unas **hojas de albahaca**

Sopa de espárragos y pechuga de pollo

Preparación

PARA 4 PERSONAS

1 Lave los filetes de pollo, séquelos y córtelos a dados. Limpie las patatas, pélelas y córtelas a rodajas finas. Pele el tercio inferior del tallo de los espárragos. Corte el extremo leñoso y divídalo en trozos de unos 4 cm.

2 Prepare las cebollas tiernas y lávelas. Corte la parte verde a rodajas y trocee el resto en porciones de unos 4 cm de largo.

3 Caliente el aceite en una cacerola y dore la carne y las hortalizas unos minutos. Mójelos con el caldo de verduras y deje que cuezan unos 12 minutos con el recipiente tapado. Añada sal y pimienta a la preparación.

4 Mezcle bien la crema acidificada con el zumo de limón. Sirva la sopa en platos y ponga en el centro un poco de crema. Decórelos con las rodajas de cebolla y las hojas de albahaca.

Crema fría de pepino y leche de coco

Un halo de exotismo: esta crema fría de pepino, jengibre y leche de coco es un buen refrigerio para los días calurosos.

Ingredientes

2 **pepinos** grandes

1 **diente de ajo**

700 ml de **caldo de verduras** frío

1 nuez de **jengibre**

400 ml de **leche de coco** no edulcorada

150 g de **crema de leche** espesa

sal

pimienta blanca molida

1 **coco**

unas hojas de **menta**

Preparación

PARA 4 PERSONAS

1 Pele el pepino, córtelo por la mitad a lo largo y quítele las semillas. Corte la pulpa haciendo bolitas con un vaciador y consérvelas en la nevera. Pique el resto de la pulpa.

2 Pele el ajo, píquelo finamente y añádalo al caldo de verduras. Pele y ralle finamente el jengibre e inclúyalo en el caldo junto con el pepino picado. Pase la sopa por la batidora y luego cuélela a través de un tamiz fino.

3 Mezcle a fondo la leche de coco y la crema de leche con la sopa. Añada sal y pimienta y resérvela al menos una hora en la nevera.

4 Ponga las bolitas de pepino en platos previamente enfriados y vierta por encima la crema de pepino. Corte la mitad del coco a tiras finas y ralle el resto, y esparza las tiras y las ralladuras sobre la crema y sírvala decorada con menta.

La leche de coco enlatada se puede adquirir en comercios especializados en productos orientales. Como alternativa también se puede usar coco en polvo o pasta, desleído en agua.

Crema de guacamole
y pechuga de pollo

Preparación

PARA 4–6 PERSONAS

1 Corte la carne a tiras transversales, sazónela y dórela en una sartén con una cucharada de aceite. Manténgala al calor.

2 Pele la cebolla y córtela a rodajas. Caliente el resto del aceite y sofría la cebolla hasta que esté transparente. Pele los ajos, píquelos y añádalos. Quite las semillas al chile, lávelo, pique una mitad finamente y corte el resto en anillos. Añada a la cebolla el chile picado y sofríalo todo unos 5 minutos.

3 Deshuese los aguacates, pélelos y córtelos a trozos pequeños. Rocíelos con un poco de zumo de limón. Cubra el sofrito con el caldo y añádale los aguacates y el resto del zumo de limón.

4 Lave el cilantro, séquelo y píquelo finamente. Añádalo a la crema y deje que prosiga la cocción unos 4 minutos. Espéciela con comino, redúzcala a puré y añada sal y pimienta. Adorne la crema con las tiras de pollo y decórela con los anillos de chile.

Ingredientes

400 g de **pechuga de pollo fileteada**

sal

pimienta molida

5 cucharadas de **aceite de oliva**

150 g de **cebollas**

3 **dientes de ajo**

1 **chile rojo**

5 **aguacates** maduros de tamaño medio

zumo de 2 **limones**

1 1/4 de l de **caldo de ave**

1/2 manojo de **cilantro**

1/2 cucharadita de **comino**

Ingredientes

1 tallo de **puerro**

2 **cebollas**

500 g de **apio**

50 g de **mantequilla**

50 g de **harina**

1,2 l de **caldo de verduras**

400 g de **stilton** (queso azul inglés o gorgonzola)

200 g de **crema de leche**

sal

pimienta molida

unas hojas de **perejil**

Crema de apio y queso azul

Preparación

PARA 4 PERSONAS

1 Prepare el puerro, lávelo y córtelo a trozos pequeños. Pele la cebolla y píquela finamente. Prepare el apio, lávelo y píquelo finamente.

2 Derrita la mantequilla en una cacerola. Agregue la cebolla, el puerro y 200 g de apio, y sofríalos removiéndolos unos 10 minutos. Espolvoree el conjunto con la harina, mezcle bien y prosiga la cocción unos minutos. Cúbralo con el caldo de verduras.

3 Pase la sopa por la batidora y redúzcala a puré. Desmenuce el queso en esta crema y cuézala lentamente y sin dejar de remover hasta que se espese un poco.

4 Mezcle la preparación con la crema y el resto del perejil y cuézala a fuego lento durante 5 minutos. Añada sal y pimienta y decore con el perejil.

Sopas energéticas

Sopa de hortalizas
y pan de maíz

Un verdadero **festín**: un sustancioso caldo de judías y embutido llega a la mesa acompañado con pan de **maíz** casero frito.

Ingredientes

150 g de **judías** pintas
1 l de **caldo de verduras**
300 g de **acelgas**
300 g de **patatas**
200 g de **embutido ahumado** (o salchichas de Frankfurt)
sal
pimienta molida
nuez moscada recién rallada
100 g de **maíz** y de **harina de trigo**
1 cucharadita de **levadura en polvo**
1 cucharada de **azúcar**
4 cucharadas de **aceite**
100 g de **crema acidificada**
1 **huevo**
aceite

Preparación

PARA 4 PERSONAS

1 Para la sopa de hortalizas, remoje las judías durante toda la noche en abundante agua fría y escúrralas a la mañana siguiente. Caliente el caldo en una cacerola y ponga a cocer las judías a fuego lento durante unos 40 minutos.

2 Prepare y lave las acelgas, quíteles el tallo blanco y duro y córtelo a trozos pequeños. Corte las hojas a tiras. Lave las patatas, pélelas y córtelas a dados. Corte el embutido a rodajas.

3 Pasados los 40 minutos, añada a las judías los tallos de las acelgas y los dados de patata y déjelos cocer unos 12 minutos. Añada las hojas de las acelgas y cuézalas otros 5 minutos. Sazone con la nuez moscada, la sal y la pimienta y añada el embutido.

4 Precaliente el horno a 180 °C. Mezcle rápidamente y a fondo la harina de trigo, la harina de maíz, la levadura, el azúcar, el aceite, la crema acidificada y el huevo en un cuenco. Vierta la masa en un molde engrasado e introdúzcalo en el horno precalentado unos 25 minutos. Sirva la sopa acompañada del pan de maíz.

Las hojas de acelga se preparan como las de espinacas. Compre las que tienen el tallo blanco. En las ensaladas use las hojas pequeñas, ya que las grandes tienen un sabor amargo.

Sopa de verdura con albóndigas de carne

El regreso de un clásico: un potaje de pasta y verduras realzado con suaves albóndigas de carne.

Ingredientes

500 g de **pollo**

sal

unos granos de **pimienta**

1 ramita de **tomillo**

2 **zanahorias**

1 **puerro**

100 g de **tirabeques**

4 tallos de **apio**

1 rebanada de **pan de molde**

4 cucharadas de **crema de leche**

250 g de **ternera** picada

1 **huevo**

pimienta molida

la piel rallada de 1 **limón**

100 g de **estrellitas** (de pasta)

½ manojo de **cebollinos**

Preparación

PARA 4 PERSONAS

1 Lave el pollo y póngalo a cocer en una cacerola grande con 2 l de agua salada, los granos de pimienta y el tomillo. Prepare las hortalizas de la sopa, lávelas y pélelas. Córtelas a trozos pequeños y agréguelos a la cacerola. Déjelo cocer todo a fuego lento durante 1 hora.

2 Mientras, prepare y pele las zanahorias, el puerro, los tirabeques y el apio. Corte las zanahorias, el apio y el puerro a rodajas finas.

3 Remoje el pan en la crema de leche. Mezcle la carne picada, el huevo, un poco de pimienta y la piel de limón hasta obtener una mezcla lisa y sin grumos; forme con las manos húmedas unas albóndigas.

4 Cuele el caldo y llévelo a ebullición. Añádale las verduras y deje que prosiga la cocción unos 15 minutos. Vierta las estrellitas al cabo de 8 minutos y cuézalas otros 5 minutos.

5 Lave los cebollinos, séquelos y córtelos a trocitos. Sirva la sopa de verduras en platos y decórela con el cebollino.

Sopa de cebada perlada y hierbas al azafrán

Preparación

PARA 4 PERSONAS

1. Deje en remojo la cebada perlada durante unas horas en agua fría, mejor toda la noche.
2. Prepare y lave las verduras, pele las que considere necesario y píquelas finamente. Corte la mitad de las cebollas a rodajas.
3. Lave el perejil, séquelo, arranque las hojas y resérvelas. Pele y pique el ajo.
4. Sofría las verduras, el ajo, el perejil y la cebada perlada ya escurrida en la mantequilla. Sazone con la sal, la pimienta y el azafrán y vierta el jerez. Moje con el caldo y deje cocer la sopa de 30 a 40 minutos, o hasta que la cebada perlada se haya ablandado.
5. Bata la crema ligeramente pero sin que quede muy densa. Lave las hierbas, séquelas y píquelas finamente. Mezcle la crema con la sopa y decórela con las rodajas de cebolla tierna.

Ingredientes

125 g de **cebada perlada**

4 **cebollas tiernas**

1 **puerro** pequeño

1 manojo de **perejil**

1 tallo de **apio** · 1 diente de **ajo**

50 g de **mantequilla** · **sal** · **pimienta** molida

un poco de **azafrán** · 2 cl de **jerez**

1 ½ l de **caldo de verduras**

250 g de **crema de leche**

1 manojo de **hierbas** variadas (por ejemplo albahaca, perifollo, estragón y acedera)

Ingredientes

125 g de **pepitas de cebada**

2 **escalonias**

2 cucharadas de a**ceite de oliva**

sal · **pimienta** molida · **curry en polvo**

1 cucharada de **ketchup**

1 ½ l de **caldo de verduras**

4 **zanahorias**

1 **colinabo** pequeño

250 g de **espárragos** blancos

150 g de **col** · 100 g de **tirabeques**

4 cucharadas de **crema acidificada**

1 cucharada de **perifollo** picado

Sopa de cebada
con verdura de colores

Preparación
PARA 4 PERSONAS

1 Deje las pepitas de cebada en remojo en un cuenco con agua fría durante toda la noche y escúrralas al día siguiente.

2 Pele las escalonias y píquelas finamente. Caliente el aceite en una cacerola y sofría la escalonia hasta que esté transparente. Añada las pepitas de cebada y sazone con la sal, la pimienta y un poco de curry en polvo. Agregue el ketchup, mezcle bien y vierta el caldo. Déjelo cocer unos 10 minutos.

3 Pele las zanahorias, el colinabo y los espárragos. Prepare y lave la col y los tirabeques. Corte las zanahorias, la col y el colinabo a tiras y trocee los espárragos.

4 Añada a la sopa las zanahorias, el colinabo, los espárragos y la col y prosiga la cocción de 10 a 15 minutos. Añada los tirabeques y deje que el conjunto cueza 5 minutos. Decore la sopa con la crema y el perifollo picado.

Sopa de judías,
pasta y tomate

Una receta casera originaria de los Abruzos: las judías con pasta guisadas con caldo de carne y vino tinto calientan el estómago en los fríos días de invierno.

Ingredientes

250 g de **judías blancas**

4 cucharadas de **aceite de oliva**

2 ramitas de **tomillo**

1 ramita de **romero**

2 cucharadas de **tomate** concentrado

1 l de **caldo de carne**

1/8 de l de **vino blanco**

1 manojo de **hortalizas para el caldo**

4 ramas de **apio**

425 g de **tomates pelados** (enlatados)

sal

pimienta molida

150 g de **pasta** pequeña

2 cucharadas de **perejil** picado

30 g de **parmesano** recién rallado

Preparación

PARA 4 PERSONAS

1 Deje las judías en remojo en abundante agua fría toda la noche y escúrralas al día siguiente con un colador.

2 Caliente el aceite en una cacerola y añada las judías, las hierbas y los tomates y dórelos unos minutos. Moje con el caldo y el vino y déjelo cocer todo con el recipiente tapado y a fuego lento unas 2 horas.

3 Mientras, prepare y lave las hortalizas para el caldo y córtelas a dados. Prepare el apio, lávelo y córtelo a dados. Escurra los tomates y córtelos a trozos pequeños.

4 Pasada la mitad del tiempo de cocción, añada las hortalizas y los tomates a las judías. Añada sal y pimienta y deje cocer. Saque un tercio de las judías con una espumadera y redúzcalas a puré con la batidora. Incorpore dicho puré a la sopa.

5 Mezcle la pasta con la sopa y prosiga la cocción de 4 a 5 minutos o hasta que la pasta esté *al dente*. Decore la sopa con el perejil picado y el parmesano recién rallado.

Potaje de colinabo y solomillo de cerdo

Primaveral y ligero: este potaje de verduras tiene pocas calorías, es agradable y fácil de preparar por sus pocos ingredientes.

Ingredientes

250 g de **solomillo de cerdo**

2 **cebollas**

2 **colinabos**

250 g de **patatas**

1 cucharada de **aceite**

62

½ l de **caldo de verduras**

200 g de **guisantes** (congelados)

unas ramitas de **perejil**

nuez moscada recién rallada

sal

pimienta molida

Preparación

PARA 2 PERSONAS

1 Lave la carne, séquela y córtela en trozos que quepan en la boca. Pele las cebollas y córtelas a rodajas finas. Pele también los colinabos y las patatas y córtelos en trozos que quepan en la boca.

2 Caliente el aceite en una cacerola. Agregue el solomillo y las cebollas y dórelos a fuego vivo. Añada los dados de colinabo y patata, moje con el caldo de verduras y déjelo cocer con el recipiente tapado y a fuego lento unos 20 minutos.

3 Pasados unos 10 minutos de cocción añada los guisantes congelados.

4 Lave y seque el perejil, arranque las hojas del tallo y píquelas finamente. Espolvoree el potaje con el perejil, ralle la nuez moscada por encima y rectifique la condimentación con sal y pimienta.

Los ingredientes de este potaje de verduras pueden cambiarse a su gusto: por ejemplo, tirabeques, zanahorias o espárragos verdes. El solomillo de cerdo puede sustituirse por pollo.

Sopa de judías, cebollas y tocino

Un plato realmente sustancioso: las judías pintas, el tocino ahumado y la pasta convierten a esta sopa casi en un plato completo.

Ingredientes

600 g de **judías pinta** (enlatadas)

2 **cebollas**

70 g de **tocino ahumado**

3 cucharadas de **aceite de oliva**

4 cucharadas de **tomate** concentrado

240 g de **tomates** pelados (enlatados)

700 ml de **caldo de carne**

sal

pimienta molida

pimienta de Cayena

2 **tomates** grandes

1 **cebolla** blanca

150 g de **espirales de pasta**

Preparación

PARA 4 PERSONAS

1 Enjuague con agua fría las judías y déjelas escurrir. Pele las cebollas y píquelas finamente. Corte a dados el tocino ahumado. Caliente el aceite en una cacerola y dore los dados de tocino. Añada la cebolla picada y sofríala hasta que esté transparente.

2 Mézclelo todo con el tomate concentrado. Corte los tomates pelados a trozos pequeños y añádalos al recipiente junto con las judías y mójelos con el caldo. Déjelo cocer todo lentamente y sazone con la sal, la pimienta y la pimienta de Cayena.

3 Escalde los tomates, pélelos, pártalos por la mitad, quíteles las semillas y corte la pulpa a dados, al igual que la cebolla restante. Añádalos a la sopa y déjelos cocer unos 15 minutos.

4 Cueza la pasta en abundante agua salada hirviendo siguiendo las instrucciones del paquete, hasta que esté *al dente*. Escúrrala y añádala a la sopa de judías. Sírvala en platos y decórela con hojas de albahaca.

Las legumbres son el producto que contiene más hidratos de carbono, muchas vitaminas y sustancias minerales. Es especialmente importante para la nutrición su contenido de fibra.

Sopa especiada
de judías y pimiento

Preparación
PARA 4 PERSONAS

1 Deje las judías en remojo en abundante agua durante toda la noche. Prepare las hortalizas para el caldo, lávelas y átelas de nuevo. Pele una cebolla y córtela a lo largo. Añada las hortalizas, las mitades de las cebollas y la hoja de laurel a las judías, cúbralas con agua y déjelas cocer a fuego lento durante 1 hora.

2 Corte los pimientos por la mitad a lo largo y quíteles las semillas. Lave las mitades y córtelas a dados pequeños. Pele la segunda cebolla y córtela también a dados pequeños.

3 Caliente el aceite en una cacerola y dore las cebollas hasta que estén transparentes. Añada los dados de pimiento y dórelos ligeramente. Pele el ajo, píquelo finamente y añádalo también. Agregue el tomate concentrado, mezcle bien y moje con el vino tinto. Déjelo cocer todo con el recipiente tapado y a fuego medio unos 5 minutos.

4 Saque de la primera cacerola las mitades de cebolla, las hortalizas y la hoja de laurel. Agregue a las judías el contenido de la segunda cacerola y la crema, mezcle, sazone con sal y tabasco y espolvoree con orégano.

Ingredientes

300 g de **judías blancas** cocidas

1 manojo de **hortalizas para el caldo**

2 **cebollas**

1 **hoja de laurel**

2 **pimientos rojos**

3 cucharadas de **aceite de oliva**

2 **dientes de ajo**

3 cucharadas de **tomate** concentrado

1/8 de l de **vino tinto** seco

150 g de **crema acidificada**

sal · **tabasco**

2 cucharadas de **orégano** finamente picado

Ingredientes

300 g de **judías blancas**

1 **cebolla**

50 g de **tocino ahumado**

2 cucharadas de **aceite de oliva**

1 ½ l de **caldo de carne**

200 g de **tomate**

sal

pimienta molida

200 g de **macarrones**

Sopa de judías y pasta

Preparación

PARA 4 PERSONAS

1 Deje las judías en remojo en abundante agua fría toda la noche y escúrralas al día siguiente con un colador.

2 Pele la cebolla y píquela finamente. Caliente el aceite en una cacerola y dore la cebolla y el tocino. Añada las judías y mójelo todo con el caldo. Cuézalo todo con el recipiente tapado y a fuego lento unas 2 horas.

3 Lave los tomates, cuartéelos, quíteles el pedúnculo, córtelos a dados, añádalos a la sopa; sazone. Saque un tercio de las judías con una espumadera y redúzcalas a puré con la batidora, luego tamícelo.

4 Agregue el puré a la sopa, incorpore la pasta y déjela cocer unos diez minutos o hasta que esté *al dente*.

Potaje de garbanzos con chorizo

Colorista y sustancioso: el aromático aceite de hierbas y el chorizo confieren a este potaje mediterráneo un sabor indescriptible.

Ingredientes

150 g de **chorizo**

1 **cebolla**

2 **dientes de ajo**

1 ramita de **romero**

100 g de **garbanzos** (enlatados)

200 g de **carne de calabaza** (natural o enlatada)

200 g de **col rizada**

3 cucharadas de **aceite**

600 ml de **caldo de verduras**

sal

pimienta molida

1 ramita de **perejil**, de **albahaca**, de **orégano** y de **tomillo**

50 ml de **aceite de oliva**

Preparación

PARA 4 PERSONAS

1 Pele el chorizo y córtelo a rodajas. Pele la cebolla y píquela finamente. Pele el ajo y píquelo finamente. Arranque las hojas de romero y píquelas.

2 Enjuague los garbanzos con agua fría y escúrralos. Corte la carne de calabaza a dados de unos 2 cm. Quite las hojas externas de la col rizada y separe el tronco. Lave las hojas y córtelas a tiras finas.

3 Caliente el aceite en una cacerola y sofría la cebolla hasta que esté transparente. Añada el chorizo, el ajo y el romero y déjelo cocer unos minutos. Añada los garbanzos, los dados de calabaza y cúbralo todo con el caldo. Déjelo cocer con el recipiente tapado unos 15 minutos.

4 Agregue las tiras de col, mezcle bien, añada sal y pimienta y déjelo cocer todo con el recipiente destapado unos 5 minutos.

5 Lave las hierbas, séquelas y arranque las hojitas del tallo, píquelas finamente y mézclelas con el aceite de oliva. Sirva la sopa en los platos y rocíela con un poco del aceite de hierbas.

El aroma a hierbas frescas se puede potenciar aún más si se pican finamente con una media luna, ya que al cortarlas con un cuchillo normal las hojas se aplastan.

Sopa de espinacas, verduras y tortellini

Preparación

PARA 4 PERSONAS

1 Prepare las espinacas, lávelas cuidadosamente y escúrralas. Pele la cebolla y el ajo y píquelos finamente. Caliente la mantequilla en una cacerola y sofría la cebolla y el ajo hasta que estén transparentes. Incorpore las espinacas, remueva, cubra con el caldo, sazone con sal, pimienta y nuez moscada y deje cocer unos 10 minutos.

2 Mientras separe el brécol a ramitos y prepare los tirabeques. Blanquee las judías en agua salada hirviendo de 3 a 4 minutos.

3 Reduzca a puré la sopa de espinacas pasándolo por la batidora. Agregue la crema de leche y llévelo a ebullición.

4 Vierta los tortellini en la sopa y hiérvalos, según su tamaño, entre 4 y 8 minutos. Añada los ramitos de brécol, los tirabeques y las judías y prosiga la cocción de 1 a 2 minutos. Sirva la sopa en platos y esparza por encima el parmesano cortado en virutas.

Ingredientes

250 g de hojas jóvenes de **espinacas**

1 **cebolla** pequeña · 1 **diente de ajo**

3 cucharadas de **mantequilla**

800 ml de **caldo de ave**

sal · **pimienta** molida

nuez moscada recién rallada

100 g de **brécol**

100 g de **tirabeques**

100 g de **judías** verdes

125 g de **crema de leche**

12 **tortellini** verdes frescos

30 g de **parmesano** (en un trozo)

Ingredientes

800 g de **patatas** harinosas

4 **puerros** grandes

60 g de **mantequilla**

1 ½ l de **caldo de verdura**

sal

pimienta molida

nuez moscada recién rallada

125 g de **crema de leche**

1 cucharada de **aceite**

Sopa de patatas y puerros a la crema

Preparación

PARA 4 PERSONAS

1 Lave y pele las patatas, aparte una grande y corte el resto a dados. Prepare y lave el puerro, corte un poco de la parte verde a tiras finas y la parte blanca a rodajas.

2 Derrita 50 g de mantequilla en una cacerola y sofría el puerro. Añada las patatas, remueva bien, moje con el caldo y sazone con la sal, la pimienta y la nuez moscada. Cuézalo todo con el recipiente tapado y a fuego moderado unos 30 minutos.

3 Reduzca la sopa a puré con la batidora y tamícela si lo considera necesario. Añada la crema de leche, caliente la sopa y sazone con sal y pimienta.

4 Corte a dados pequeños la patata reservada. Caliente en una sartén el aceite y el resto de la mantequilla y dore los dados de patata a fuego vivo. Agregue los dados a la sopa y sírvala decorada con las tiras de puerro.

Sopa de patatas, pimiento y picatostes

Placer garantizado: esta deliciosa sopa de patatas con picatostes bien fritos reúne en el plato buenos ingredientes y en la mesa buena compañía.

Ingredientes

1 kg de **patatas** harinosas

1 **cebolla**

4 cucharadas de **mantequilla**

1 cucharadita de **comino**

1 cucharadita de **pimentón dulce**

1,2 l de **caldo de verduras**

2 **pimientos rojos**

4 rebanadas de **pan** blanco

½ manojo de **cebollinos**

sal

pimienta molida

4 cucharadas de **crema acidificada**

Preparación

PARA 4 PERSONAS

1 Lave y pele las patatas y córtelas a dados. Pele la cebolla, pártala por la mitad y córtela a rodajas. Caliente 2 cucharadas de mantequilla en una cacerola grande y sofría los dados de patata. Añada la cebolla, el comino y el pimentón, mézclelo todo, vierta el caldo y llévelo a ebullición. Déjelo cocer todo con el recipiente tapado y a fuego lento unos 15 minutos.

2 Corte los pimientos a lo largo y quíteles las semillas. Lave ambas mitades y córtelas a tiras.

3 Saque de la cacerola aproximadamente un tercio de las patatas y reduzca el resto a puré con la batidora. Ponga de nuevo los dados de patata en la sopa, añada las tiras de pimiento y déjelo cocer todo unos 10 minutos.

4 Retire la corteza del pan y córtelo a dados. Caliente el resto de la mantequilla y dore en ella los picatostes por ambas caras; luego déjelos escurrir sobre papel de cocina.

5 Lave el perifollo, séquelo y córtelo a trozos pequeños. Sazone la sopa con sal y pimienta. Viértala en platos y ponga en el centro de cada uno de ellos una cucharada de crema acidificada. Sírvala con los picatostes y el perifollo.

Sopas internacionales

Gazpacho
con pimientos y pepino

Así sabe el verano: con esta sopa fría de hortalizas hecha con tomate, pimiento y pepino, las vacaciones se acercan un poco por la cocina.

Ingredientes

1 **pepino**

2 **tomates** maduros y carnosos

2 **pimientos rojos**

1 **diente de ajo**

unos 350 ml de **agua mineral**

2 cucharaditas de **vinagre de vino**

50 ml de **aceite de oliva**

sal

pimienta molida

azúcar

1 cucharada de **hojitas de perejil**

Preparación

PARA 4 PERSONAS

1 Pele el pepino y córtelo por la mitad a lo largo. Quítele las semillas con una cuchara. Escalde los tomates, pélelos, pártalos por la mitad y quíteles las semillas. Parta los pimientos a lo largo, retire las semillas y lave las mitades.

2 Corte los pimientos, los tomates y el pepino a dados lo más pequeños posible. Corte el resto de las hortalizas en trozos pequeños. Pele el ajo y píquelo muy fino.

3 Prepare un puré en la batidora con los trozos de hortalizas, el ajo, el agua mineral y el vinagre de vino y vierta poco a poco el aceite de oliva. Aderécelo con la sal, la pimienta y un poco de azúcar. Si es necesario, suavícelo con un poco de agua y luego vuélvalo a especiar. Reserve el gazpacho durante 1 hora como mínimo en la nevera.

4 Sírvalo bien frío acompañado con los dados de hortalizas y decorado con el perejil.

El gazpacho tiene un magnífico sabor con picatostes hechos en casa: simplemente separe la corteza de una rebanada de pan, corte la miga a dados y dórelos en un poco de aceite de oliva.

Crema de calabaza con picatostes

Simplemente **irresistible:** esta deliciosa crema de calabaza no sólo es bien recibida por los **comensales** en Halloween.

Ingredientes

4 **calabazas** pequeñas de pulpa amarilla
1 **cebolla**
50 g de **mantequilla**
800 ml de **caldo de ave**
sal
pimienta de Cayena
150 g de **crema de leche**
4 rebanadas de **pan de molde**
4 cucharadas de **aceite de semillas de calabaza**

Preparación

PARA 4 PERSONAS

1 Lave la calabaza, séquela y corte el tercio superior con el rabillo de manera que obtenga una tapadera. Saque la pulpa, quítele las pepitas y córtela a dados. Corte en la parte inferior una rodaja para que la calabaza se aguante de pie.

2 Pele la cebolla y píquela finamente. Derrita 30 g de mantequilla en una cacerola y sofría la cebolla hasta que esté transparente. Añada la pulpa de la calabaza, mezcle bien, vierta el caldo de ave y sazone con la sal y la pimienta de Cayena. Deje cocer a fuego lento y con el recipiente tapado durante 20 minutos.

3 Reduzca la sopa a puré con la batidora. Mézclelo con unos 100 g de crema de leche. En caso de que sea necesario puede desleír con un poco de caldo y luego volver a calentarlo.

4 Para los picatostes, corte el pan a dados. Caliente la mantequilla restante en una sartén y dore en ella los picatostes. Bata el resto de la crema hasta que esté consistente. Rellene la calabaza vaciada con la crema y adórnela con la crema batida y unas gotas de aceite de semillas de calabaza.

Si vaciar la calabaza le supone demasiado esfuerzo, puede utilizar 600 g de pulpa de calabaza. La calabaza Hokkaido de color naranja es muy aromática.

Chile con carne
y chips de tortilla

Un plato especiado muy apreciado: este clásico de la cocina tex-mex puede servirse como plato completo.

Ingredientes

1 **cebolla**

2 **chiles** verdes

1 lata de **judías blancas** (250 g, peso escurrido)

1 lata pequeña de **maíz** en grano

2 cucharadas de **aceite**

500 g de **ternera** picada

sal

pimienta de Cayena

2 **dientes de ajo**

4 cucharadas de **tomate** concentrado

200 ml de **caldo de verduras**

400 g de **tomate** picado (enlatado)

2 **cebollas** tiernas

100 g de **chips de tortilla**

Preparación

PARA 4 PERSONAS

1 Pele las cebollas y córtelas a rodajas finas. Corte los chiles a lo largo, quíteles las semillas, lávelos y píquelos finamente. Corte los pimientos a lo largo, quíteles las semillas y lávelos. Corte a dados las mitades del pimiento.

2 Enjuague con agua fría los granos de maíz y las judías y deje que se escurran.

3 Caliente el aceite en una sartén grande y dore ligeramente las cebollas y el chile. Añada la carne de ternera picada y fríala mientras remueve a fuego vivo. Añada los dados de pimiento y sazone con abundante sal y pimienta de Cayena.

4 Pele los ajos, píquelos finamente y añádalos a la carne picada. Añada el tomate concentrado y mezcle bien. Mójelo todo con el caldo de verduras, añada el tomate picado, remueva y déjelo cocer unos minutos.

5 Deje que cueza a fuego lento y con el recipiente tapado unos 30 minutos. Añada las judías y el maíz al cabo de 25 minutos. Sazone con abundante sal y pimienta de Cayena.

6 Prepare las cebollas tiernas, lávelas y córtelas en anillos finos. Esparza el chile y los anillos de cebolla sobre la sopa y sírvala decorada con los chips de tortilla.

Sopa de lentejas rojas y apio

Preparación

PARA 4 PERSONAS

1 Prepare y lave el puerro y córtelo a trozos de unos 3 cm y después a tiras finas. Prepare y lave las zanahorias y el apio, pélelos y córtelos a tiras. Enjuague las lentejas con agua fría y deje que se escurran.

2 Derrita la mantequilla en una cacerola y dore las hortalizas. Añada el curry y saltee sin dejar de remover. Mójelo todo con el caldo de verduras, llévelo a ebullición y déjelo cocer unos 3 minutos a fuego lento.

3 Añada las lentejas y cuézalas de 8 a 10 minutos a fuego moderado. Saque un tercio de la preparación y redúzcala a puré con la batidora. Añádalo a la cacerola y mezcle bien. Sazone con sal y pimienta de Cayena.

4 Lave el cilantro, séquelo, arranque las hojitas de los tallos y píquelas finamente. Sirva la sopa decorada con las hojitas de cilantro picadas esparcidas por la superficie.

Ingredientes

1 **puerro**

2 **zanahorias**

150 g de **apio nabo**

400 g de **lentejas** rojas

1 cucharada de **mantequilla**

2 cucharadas de **curry en polvo**

1 ½ l de **caldo de verdura**

sal

pimienta de Cayena

unas ramitas de **cilantro**

Ingredientes

600 g de **carne de calabaza**

1 cucharadita de semillas de **cilantro**

1 sobre de **azafrán**

2 **cebollas**

2 **dientes de ajo**

3 cucharadas de **aceite de cacahuete** o de semillas

500 ml de **leche de coco** sin edulcorar

1 cucharada de **salsa de pescado**

sal · **pimienta** molida

1 **cebolla** roja · 1 nuez de **jengibre**

el zumo de ½ **limón**

Sopa de calabaza y coco con salsa de cebolla

Preparación

PARA 4 PERSONAS

1 Corte la carne de calabaza en dados de unos 2 cm de tamaño. Pique las semillas de cilantro en un mortero. Deje reposar el azafrán en 200 ml de agua hirviendo.

2 Pele las cebollas y píquelas. Pele el ajo y píquelo finamente. Caliente el aceite de cacahuete en una cacerola y sofría la cebolla y el ajo hasta que estén transparentes. Añada el cilantro picado y los dados de calabaza y déjelo cocer todo unos minutos.

3 Vierta encima la infusión de azafrán, la leche de coco y la salsa de pescado, mézclelo y déjelo cocer unos 20 minutos con el recipiente tapado y a fuego lento. Sazone.

4 Para la salsa, pele la cebolla roja y píquela finamente. Pele el jengibre y rállelo finamente. Mezcle la cebolla con el jengibre y el zumo de limón. Añada un poco de esta salsa a la sopa y sírvala decorada con las hojitas de cilantro esparcidas por encima.

Sopa de pescado, mejillones y brotes de bambú

Asia nos manda saludos: la pasta al curry verde confiere a esta sopa refinada su típico sabor picante suavizado por la **cremosa** leche de coco.

Ingredientes

1 **pimiento rojo**

275 g de **brotes de bambú** (enlatados)

500 g de **filetes de pescado** (merluza, gallo o bacalao fresco)

12 **mejillones** pequeños

½ manojo de **cebollas tiernas**

1 **chile rojo**

1 cucharada de **aceite**

4 cucharadas de **pasta de curry** verde

1 l de **fumet de pescado**

400 ml de **leche de coco** sin edulcorar

3 cucharadas de **guisantes** (congelados)

2 cucharadas de **salsa de pescado**

zumo de 1 **limón**

Preparación

PARA 6 PERSONAS

1 Corte el pimiento a lo largo y quítele las semillas. Lave la mitad del pimiento y córtela a dados pequeños. Escurra los brotes de bambú en un colador y córtelos a trozos pequeños. Lave el filete de pescado, séquelo ligeramente y córtelo en trozos que quepan en la boca.

2 Lave y cepille los mejillones con agua fría. Póngalos en un cuenco, cúbralos con agua fría y déjelos reposar durante 20 minutos para que expulsen toda la arena. Tire los que floten en la superficie.

3 Prepare las cebollas tiernas, lávelas y córtelas en anillos. Lave el chile y córtelo en anillos finos.

4 Caliente el aceite en una cacerola grande y sofría los dados de pimiento. Agregue la pasta de curry, mézclelo todo bien y cúbralo con el fumet de pescado y la leche de coco. Déjelo cocer unos minutos, añada los brotes de bambú, los guisantes, los trozos de pescado y los mejillones y prosiga la cocción unos 5 minutos más a fuego lento. Aderece la sopa con la salsa de pescado y el zumo de limón. Vierta la sopa en cuencos previamente calentados y sírvala decorada con los anillos de cebolla y el chile.

En las tiendas de comida asiática hay diversos tipos de salsa de pescado: las claras son más aromáticas. Las botellas de salsa ya empezada se conservan medio año en la nevera.

Sopa de ave
con arroz basmati

Buena y sustanciosa: el pollo y el arroz en un caldo ligeramente especiado ayudan a superar la baja forma y dan nuevas fuerzas.

Ingredientes

1 **pechuga de pollo fileteada** (unos 250 g)

1 cucharadita de **salsa de soja**

2 cucharadas de **zumo de manzana**

600 ml de **caldo de ave**

50 g de **arroz basmati**

sal

pimienta molida

curry en polvo

Preparación
PARA 2 PERSONAS

1 Lave los filetes de pechuga de pollo y séquelos suavemente. Córtelos a dados pequeños. Mezcle en un cuenco el zumo de manzana con la salsa de soja y adobe con esta mezcla la carne durante unos 30 minutos.

2 Hierva el caldo de ave en una cacerola. Lave el arroz basmati con agua fría en un colador, añádalo al caldo y déjelo cocer a fuego lento durante 15 minutos.

3 Añada los trozos de pollo con su adobo a la sopa y cuézalos a fuego lento durante 15 minutos. Añada agua si lo considera necesario.

4 Sazone la sopa con sal, pimienta y el curry en polvo. Viértala en tazones y sírvala decorada al gusto con las hojas de cilantro.

Si añade dados de hortalizas coloridas, esta sopa de ave se convierte en un potaje ligero. Si la prefiere con un punto de picante, se puede aderezar con wasabi o raiforte picante japonés.

Sopa de maíz, chile y pimiento

Preparación

PARA 4 PERSONAS

1 Lave las patatas, pélelas y córtelas a dados pequeños. Corte los pimientos a lo largo y luego en dados. Corte el chile a lo largo, quítele las semillas, lávelo y córtelo a dados pequeños. Lave las mazorcas de maíz y desgránelas.

2 Pele las escalonias y el ajo y píquelos finamente. Caliente el aceite en una cacerola grande y sofría las escalonias y el ajo hasta que estén transparentes.

3 Añada los granos de maíz y cúbralo todo con el caldo de ave y la crema de leche. Sazone la sopa con el garam masala, la sal y la pimienta y déjela cocer tapada unos 15 minutos.

4 Reduzca la sopa a puré en la batidora y tamícela. Añádale la patata, el pimiento y el chile. Llévela a ebullición y en caso necesario añada agua. Déjela cocer otros 10 minutos y decórela con el cilantro.

Ingredientes

100 g de **patatas** harinosas

1 **pimiento rojo**

1 **chile verde**

3 **mazorcas de maíz**

3 **escalonias**

1 **diente de ajo**

3 cucharadas de **aceite de oliva**

½ de l de **caldo de ave**

200 g de **crema de leche**

1 cucharadita de **garam masala**

(mezcla de especias india)

sal · **pimienta** molida

Ingredientes

2 **cebollas**

3 **dientes de ajo**

500 g de **chirivías**

4 cucharadas de **aceite de oliva**

comino

2 cucharadas de hojas de **romero** picadas

600 ml de **caldo de ave**

60 g de **aceitunas** (deshuesadas)

sal

pimienta molida

½ manojo de **cebollino**

Sopa de chirivías al romero

Preparación

PARA 4 PERSONAS

1 Pele las cebollas y los ajos y píquelos finamente. Pele las chirivías y córtelas a dados.

2 Caliente el aceite en una cacerola grande y sofría la cebolla hasta que esté transparente. Añada el ajo, una cucharadita de comino y el romero, luego la chirivía, mezcle bien y sofría el conjunto. Mójelo con el caldo de ave y déjelo cocer unos 30 minutos.

3 Pique las aceitunas finamente, agréguelas a la sopa y mézclelo todo. Reduzca la sopa a puré con la batidora, añádale sal y pimienta y mézclela con la crema de leche.

4 Lave el cebollino, séquelo y córtelo finamente. Sirva la sopa en platos y decórela con el cebollino y un poco de comino. Acompáñela si lo desea con pan indio.

Sopa de arroz con tofu

Ligera y saludable: esta sopa de arroz con verdura crujiente y tofu es ideal como tentempié bajo en calorías o como plato exótico que se hace rápidamente.

Ingredientes

50 g de **arroz** de grano largo

sal

1 **zanahoria**

½ **pimiento rojo**

1 cucharada de **mantequilla**

800 ml de **caldo de verduras**

1-2 cucharadas de **salsa de soja** clara

150 g de **tofu**

pimienta blanca molida

2 cucharadas de **perejil** finamente picado

Preparación

PARA 4 PERSONAS

1 Enjuague el arroz con agua fría y déjelo escurrir. Hierva abundante agua salada en una cacerola y cueza el arroz siguiendo las instrucciones del paquete. Cuélelo y resérvelo.

2 Pele las zanahorias y córtelas a dados pequeños. Quite las semillas del pimiento, lávelo y córtelo a dados pequeños.

3 Derrita la mantequilla en una cacerola grande y sofría las hortalizas. Cúbralas con el caldo de verduras y añada la salsa de soja. Cueza la sopa unos 5 minutos a fuego lento, tapada.

4 Lave el tofu, séquelo y córtelo a trozos pequeños. Añádalos a la sopa y déjelos cocer unos 3 minutos. Sazone generosamente, añada el perejil picado y mézclelo todo. Sirva un poco de arroz en los platos precalentados y cúbralo luego con el caldo.

En vez de caldo de verdura puede usar 20 g de *dashi* instantáneo desleído en 800 ml de agua. El *dashi* es una base de caldo usada en muchos platos japoneses que se elabora a partir de copos de bonito y algas kombu.

Sopa de pescado con fideos soba

Un gran festín para los amantes de la comida asiática: suaves filetes de pescado, hortalizas ligeras y fideos soba nadan en un caldo claro de jengibre y algas.

Ingredientes

1 **puerro**

2 **zanahorias** pequeñas

1 **cebolla** roja

1 nuez de **jengibre**

1 trozo pequeño de algas **wakame**

1 cucharadita de **sal**

150 g de **fideos soba** (pasta japonesa de trigo sarraceno)

4 filetes de **rodaballo**

salsa de **soja**

Preparación

PARA 4 PERSONAS

1 Prepare el puerro, lávelo y córtelo a rodajas. Prepare, pele y corte las zanahorias a tiras finas. Pele la cebolla, córtela a lo largo y luego a rodajas finas. Ablande las algas wakame con un paño húmedo y córtelas a tiras finas (las algas secas deben ablandarse en agua fría durante unos 3 minutos y luego cortarse en trozos pequeños).

2 Llene con agua fría una cacerola plana de unos 3 cm de alto. Hierva lentamente el jengibre, el puerro, las zanahorias y las algas wakame y déjelo cocer todo a fuego lento.

3 Cueza los fideos soba a fuego lento siguiendo las instrucciones del paquete, luego déjelos escurrir.

4 Lave los filetes de rodaballo, séquelos y póngalos uno junto al otro en la cacerola. Déjelos cocer a fuego lento de 3 a 4 minutos. Aderécelos con abundante salsa de soja.

5 Para servir, ponga la pasta y un filete de pescado en los platos calentados antes de cubrirlos con el caldo y las hortalizas.

Las algas wakame se emplean ampliamente en la cocina japonesa como hortaliza o como ingrediente para las sopas. Se encuentran, tanto frescas como secas, en tiendas especializadas.

Sopa *mulligatawny* con manzanas y plátanos

Un suspiro oriental: **en esta clásica sopa india se unen la fruta, las pasas, el pollo y el arroz para lograr un plato** único.

Ingredientes

100 g de **arroz basmati** · **sal**

1 **pechuga de pollo fileteada** (unos 250 g)

pimienta molida

1 **cebolla**

4 **dientes de ajo** · 1 **zanahoria**

1 manojo de **perejil**

1 cucharada de **mantequilla** derretida

1 cucharadita de **jengibre** recién rallado

1 cucharada de **curry en polvo**

1 l de **caldo de ave**

1 **plátano** · 1 **manzana**

150 g de **leche de coco** sin edulcorar

1 cucharada de **pasas**

2 cucharadas de **zumo de limón**

Preparación

PARA 4 PERSONAS

1 Enjuague el arroz basmati con un colador con agua fría hasta que el agua salga clara. Caliente en una cacerola unos 300 ml escasos de agua salada y cueza el arroz basmati a fuego lento y con el recipiente tapado durante unos 15 minutos.

2 Lave los filetes de pollo, séquelos y sazónelos con sal y pimienta. Pele la cebolla y el ajo y píquelos finamente. Limpie las zanahorias y el perejil, pélelos y córtelos a rodajas.

3 Caliente la mantequilla derretida en una cacerola y dore la carne por ambos lados. Añada la cebolla, el ajo, las hortalizas y el jengibre rallado, y sazónelo todo con la sal, la pimienta y el curry en polvo. Cúbralo con el caldo y cúezalo con el recipiente tapado a fuego lento unos 15 minutos. Saque la carne del caldo, córtela a dados y resérvela al calor.

4 Pele el plátano y trocéelo. Pele la manzana y córtela a dados. Añada las frutas y la leche de coco a la sopa y mezcle bien.

5 Reduzca la sopa a puré con la batidora. Mezcle las pasas con la sopa y déjela cocer unos minutos. Agregue por último el zumo de limón.

6 Sirva el arroz en platos precalentados. Esparza los dados de carne y vierta encima la sopa caliente. Decórela al gusto con berros, si lo desea.

Índice de recetas

BLUME

Título original:
Suppen

Traducción:
Joan Barris Sabatés

Revisión de la edición en lengua española:
Ana María Pérez Martínez
Especialista en temas culinarios

Coordinación de la edición en lengua española:
Cristina Rodríguez Fischer

Primera edición en lengua española 2003

Av. Mare de Déu de Lorda, 20
08034 Barcelona
Tel. 93 205 40 00 Fax 93 205 14 41
E-mail: info@blume.net

ISBN: 84-8076-483-X
Depósito legal: B. 3.873-2003
Impreso en Egedsa, S.A., Sabadell (Barcelona)

Créditos fotográficos

Sobrecubierta: StockFood/Amos Schliack (portada); StockFood/Jean Cazals (contraportada derecha); StockFood/Susie Eising (contraportada centro); StockFood/Anneliese Kompatscher-Hoppe (contraportada izquierda)

Walter Cimbal 9 c; Christian R. Schulz 15, 77; StockFood/Klaus Arras 10–11, 31, 95; StockFood/Uwe Bender 73, 82; StockFood/Jérôme Bilic 49; StockFood/Harry Bischof 19, 25; StockFood/Michael Brauner 7 sd, 40, 41, 47; StockFood/Gerhard Bumann 7 (segunda de iz); StockFood/Jean Cazals 45, 46, 50, 51, 65, 69, 83, 85, 89, 93; StockFood/Susie Eising 2–3, 8, 9 sei; 16, 17, 21, 27, 39, 43, 52–53, 57, 58, 59, 67, 70, 74–75, 79, 81, 87; StockFood/ S. & P. Eising 4–5, 6 iz, 7 (primera de siz y primera de iiz), 22, 23, 28, 29, 32–33, 37, 61, 63, 66 StockFood/Anneliese Kompatscher-Hoppe 13; StockFood/Joris Luyten 91; StockFood/ Len Mastri 55, 88; StockFood/Maximilian Stock 6 d; StockFood/Rosenfeld/Maximilian 7 c; StockFood/Rosenfeld Images LTD 7 (segunda de iz); StockFood/Amos Schliack 35